3, rue St-Antoine
Curly-Cruces

© Édition Nathan (Paris-France), 1992 (220403)
© Nathan, 2004 pour la présente édition
Conforme à la Loi n° 49 956 du 16 juillet 1949
sur les publications destinées à la jeunesse
ISBN 2.09.250458.4
N° d'éditeur 10115801
Dépôt légal : septembre 2004
Imprimé en France

L'eau, la terre, l'air, le feu

Texte de Agnès Vandewiele
Illustrations de Patrick Morin

L'EAU QUI TOMBE DU CIEL

Il pleut... n'oublie pas ton parapluie !

Pourquoi le ciel nous envoie-t-il de l'eau ?
La pluie vient des nuages. Dans un nuage, il y a des milliers de petites gouttes d'eau. Parfois, elles grossissent et elles tombent : il pleut !

Où va l'eau de la pluie ?
Elle arrose les champs, la mer, les villes, les forêts... Quelquefois, elle forme un lac. Les lacs sont des réserves d'eau. La pluie tombe aussi dans les rivières, qui se jettent dans la mer.

D'où vient la neige ?
Quand il fait très froid,
les petites gouttes d'eau
des nuages gèlent
et se transforment en petits
morceaux de glace.
En tombant, ces petits
morceaux s'assemblent
entre eux : ce sont
les flocons de neige.

Pourquoi arrose-t-on les plantes quand il ne pleut pas ?
Les plantes ont besoin d'eau
pour vivre. Lorsqu'il ne pleut
pas, les paysans arrosent
les champs, car si la terre
est trop sèche, les cultures,
les arbres et les fleurs
ne poussent plus.

Qu'est-ce que la rosée ?
Ce sont les gouttelettes d'eau
qui se déposent sur la terre,
la nuit. C'est pour cela
qu'au petit matin, l'herbe est
mouillée. Dès que le Soleil
brille, la rosée disparaît.

L'EAU DES MERS ET DES RIVIÈRES

La rivière est née là-haut, dans la montagne. Elle suit un long chemin qui descend vers la mer.

Pourquoi y a-t-il de l'eau douce et de l'eau salée ?

L'eau de mer est toujours salée. Quand elle s'évapore et forme les nuages, le sel reste dans l'eau. Lorsqu'il pleut, c'est donc de l'eau douce qui tombe du ciel et qui forme les rivières.

Que trouve-t-on dans la mer ?

La mer est une vraie mine de trésors : on y trouve des milliers de poissons, des éponges, des coraux, des huîtres perlières, des métaux et du pétrole !

À quoi sert l'eau des rivières ?

Elle fournit de l'eau aux habitants des villes et des campagnes. Elle sert aussi à produire de l'électricité, grâce aux barrages.

Y a-t-il toujours de l'eau dans les rivières ?

L'été, s'il ne pleut pas pendant longtemps, la terre n'a bientôt plus d'eau en réserve, et les rivières se tarissent peu à peu.

Y a-t-il des plantes dans l'eau ?

Dans les rivières et les étangs, des plantes poussent les pieds dans l'eau : ce sont les nénuphars, les iris et les roseaux. Dans la mer, on trouve des plantes qui vivent entièrement dans l'eau : les algues.

L'EAU DE TOUS LES JOURS

Tu ouvres le robinet, l'eau coule. Tu vas pouvoir boire, barboter, te laver...

D'où vient l'eau qui coule du robinet ?

Elle vient des fleuves et des rivières. L'eau des rivières est bien désinfectée, puis elle est amenée dans des tuyaux souterrains jusqu'aux robinets de ta maison.

À quoi sert l'eau ?

Froide, elle te désaltère quand tu as soif. Chaude, elle coule dans ton bain, fait cuire les pâtes, passe dans les radiateurs pour réchauffer ta chambre, et lave le linge.

Pourquoi l'eau fait-elle des bulles quand elle chauffe ?

L'eau contient de l'air. Quand on la chauffe, l'air sort de l'eau en formant des bulles.

L'eau en bouteilles est-elle la même que celle du robinet ?

Non ; dans certaines régions, il y a des eaux très propres qui sortent de la terre, et qu'on peut boire sans les purifier. Ces eaux-là, on les met en bouteilles.

Où va l'eau quand elle est sale ?

Elle part dans les égouts. Ce sont de grands tuyaux qui transportent l'eau sale jusqu'aux rivières. C'est pour cela que l'eau des rivières n'est pas toujours très propre et qu'il faut la purifier avant de la boire.

LA TERRE QUE L'ON CULTIVE

**La terre est le restaurant des plantes :
c'est elle qui donne
à manger
à leurs racines.**

Qu'est-ce qui pousse dans la terre ?

La terre fait pousser
les arbres, les fleurs et les
plantes. Les vaches broutent
l'herbe, les hommes cultivent
les légumes et les fruits. La
terre nourrit tout le monde !

Comment les plantes sont-elles fixées dans la terre ?

Grâce à leurs racines,
qui puisent dans la terre
l'eau et la nourriture
dont la plante a besoin.
Les racines produisent un
liquide qui monte dans la
plante et la nourrit : la sève.

Comment les plantes naissent-elles ?

Les plantes fabriquent des graines qui tombent sur la terre. Dans une bonne terre bien arrosée, la graine fait des racines et des petites feuilles qui poussent de plus en plus, jusqu'à devenir une grande plante.

Que fait le fermier dans les champs ?

Il laboure la terre avec une charrue qu'il tire derrière son tracteur : avant de semer les graines, il retourne la terre, brise les grosses mottes et creuse des sillons dans les champs.

Y a-t-il des légumes qui poussent sous la terre ?

Oui, ce sont les pommes de terre, les poireaux, les oignons, les radis, les betteraves et les carottes.

13

LA TERRE QUE L'ON CREUSE

Les hommes creusent
la terre depuis
qu'ils ont découvert
les richesses
qui s'y cachent.

Que trouve-t-on sous la terre ?

On trouve des pierres pour
construire les maisons,
du charbon et du gaz
naturel pour se chauffer,
du pétrole pour faire tourner
les moteurs, du métal,
des pierres précieuses,
de l'or et de l'argent…

Certains animaux vivent-ils sous terre ?

Oui : les taupes, les vers
de terre et les fourmis.
D'autres bêtes habitent dans
un terrier : les lapins,
les renards, les blaireaux…
et parfois les hérissons.

Quelle est l'énorme machine qui travaille ?

C'est un bulldozer. Son énorme pelle creuse la terre et la déverse ensuite dans les camions à benne qui l'emportent. Dans les trous qu'il creuse, on construira les fondations d'une maison.

Pourquoi creuse-t-on la terre sous les villes ?

Pour y enterrer les gros tuyaux qui apportent aux habitants des villes l'eau, le gaz, l'électricité et les fils du téléphone. Dans les très grandes villes, on a aussi creusé d'énormes tunnels où roule le métro.

Peut-on aller sous la terre ?

Sous la terre, il y a des grottes que l'eau a creusées. Certaines sont très profondes, et on y descend équipé de cordes et de lampes.

15

LA TERRE OÙ NOUS VIVONS

La Terre est ronde comme un gigantesque ballon !

Qu'y a-t-il à l'intérieur de la Terre ?

La Terre ressemble
à une énorme pêche dont le
noyau est une boule de feu.
La peau qui protège
l'intérieur de la Terre
s'appelle l'écorce terrestre.
Entre le noyau
et l'écorce, il y a du gaz
et des roches fondues.

Qu'y a-t-il sur la Terre ?

Il y a beaucoup d'eau :
des mers, des océans, des
rivières… Il y a aussi
les continents, sur lesquels
nous vivons.

16

Pourquoi y a-t-il des montagnes ?

Il y a très, très longtemps, l'écorce terrestre s'est soulevée en se cassant. Certains morceaux d'écorce sont restés très élevés ; ce sont les montagnes.

Qu'est-ce qu'un volcan ?

C'est une montagne qui communique avec l'intérieur de la Terre par une cheminée. Quelquefois, le gaz et les roches fondues qui se trouvent à l'intérieur de la Terre remontent dans la cheminée du volcan et jaillissent dans l'air, puis retombent sur la terre.

Pourquoi la Terre n'est-elle pas pareille partout ?

Parce que les mouvements de l'écorce terrestre ont produit des paysages très différents : des montagnes, des plaines, des collines…

17

L'AIR QUI NOUS ENTOURE

**Sans air, nous
ne pourrions plus
respirer.
L'air nous est
indispensable.**

Qu'est-ce que l'air ?

C'est un mélange de
plusieurs gaz. Il n'a pas
d'odeur et nous ne pouvons
pas le voir, car il est
transparent. Pourtant, il est
partout autour de nous.

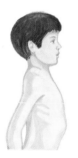

Comment fait-on
pour respirer ?

Quand nous respirons, l'air
entre dans notre nez et
descend dans notre poitrine.
Dans la poitrine, les
poumons avalent et rejettent
l'air sans jamais s'arrêter.
L'air rejeté par les poumons
ressort par le nez.

Pourquoi le ballon se gonfle-t-il quand on souffle ?

Quand on souffle dans un ballon, on le remplit d'air. Plus il y a d'air, plus le ballon se gonfle et durcit.

Les plantes respirent-elles ?

Les plantes n'ont pas de poumons, mais l'air parvient à entrer dans les feuilles et à circuler dans les tiges. Les plantes ont besoin de beaucoup d'air pour grandir.

Y a-t-il des endroits où il n'y a pas d'air ?

Très loin de la Terre, il n'y a plus d'air. Pour respirer, on met un scaphandre. C'est un appareil qui contient de l'air et qui permet aux astronautes de respirer comme sur la Terre.

L'AIR QUI VOYAGE : LE VENT

**Le vent souffle :
les arbres se courbent,
les chapeaux s'envolent.
C'est le moment de
sortir ton cerf-volant.**

Le vent est-il aussi de l'air ?

Le vent, c'est un peu comme
de l'air qui court. Les grands
courants d'air viennent
parfois de très loin,
ils traversent les mers
et les montagnes avant
de venir nous souffler
dans les cheveux !

Comment font les voiliers pour avancer ?

Lorsqu'il souffle sur la mer,
le vent s'engouffre dans
les grandes voiles
des bateaux et les pousse :
les voiliers avancent !

Pourquoi faut-il des ailes pour voler ?

Parce que leur forme large et plate permet de se laisser porter par l'air.

Comment descend-on en parachute ?

Sans parachute, on tomberait comme une pierre. Quand le parachute s'ouvre, l'air s'engouffre dedans et empêche le parachutiste de tomber trop vite.

Le vent est-il dangereux ?

Quand il souffle très fort, il peut devenir très dangereux. Les jours de tempête, les bateaux doivent bien manœuvrer pour ne pas chavirer. Les ouragans sont encore plus violents que les tempêtes, ils peuvent abattre les arbres, et parfois les maisons !

LE FEU QUI CHAUFFE

Le Soleil, c'est un grand feu qui chauffe la Terre. Dans leurs maisons, les hommes se servent du feu.

De quoi le Soleil est-il fait ?

C'est une boule de gaz dont la surface est en feu.
La température du Soleil est si élevée que, bien qu'il soit très loin de la Terre, il lui apporte toute sa chaleur.

Comment le bois brûle-t-il ?

D'abord, il brûle avec de grandes flammes. Puis il reste des morceaux rouges et très chauds, les braises. En se refroidissant, les braises laissent une poussière grise, les cendres.

22

Comment chauffe-t-on les maisons ?

Autrefois, on faisait des feux dans les cheminées ou on installait un poêle à charbon. Aujourd'hui, on utilise des chaudières à mazout ou à gaz pour chauffer l'eau qui passe dans les radiateurs. Parfois, c'est l'électricité qui fait chauffer les radiateurs des maisons.

Comment fait-on cuire la nourriture ?

Les premiers hommes faisaient cuire leur nourriture sur des feux de bois. Petit à petit, les hommes ont découvert que l'on pouvait aussi faire du feu avec du charbon, du gaz et de l'électricité. Maintenant, on fait cuire les repas sur des cuisinières à gaz, des plaques électriques ou dans des fours à micro-ondes.

LE FEU QUI NOUS ÉCLAIRE

Chaque matin, le Soleil se lève et nous éclaire pour toute la journée.

Le Soleil se lève-t-il vraiment ?

En fait, le Soleil ne se lève pas, et il ne se couche pas non plus, car il brille tout le temps. C'est juste une façon de parler !

Pourquoi fait-il nuit, puisque le Soleil ne s'éteint pas ?

Parce que la Terre tourne sur elle-même comme un manège. Le Soleil ne peut donc pas l'éclairer partout en même temps. Quand il fait nuit ici, le Soleil éclaire l'autre côté de la Terre.

Comment s'éclaire-t-on la nuit ?

Autrefois, on s'éclairait avec des bougies et des lampes à pétrole. Maintenant, dans les maisons, c'est l'électricité qui fournit la lumière.

Le Soleil va-t-il s'éteindre ?

Lorsqu'il aura brûlé toutes ses réserves, le Soleil s'éteindra. Mais ce n'est pas avant cinq milliards d'années, c'est-à-dire dans très, très, très longtemps !

Que se passerait-il si le Soleil disparaissait ?

Tout sur notre Terre dépend du Soleil. Sa chaleur et sa lumière font pousser les plantes qui nourrissent les hommes et les animaux. Si le Soleil disparaissait, la Terre entière serait plongée dans le froid et dans la nuit. Il n'y aurait plus de vie du tout.

25

LE FEU QUI BRÛLE ET QUI DÉTRUIT

Attention, lorsque le feu embrase la forêt, il devient très dangereux.

Pourquoi y a-t-il des feux de forêt ?

L'été, lorsqu'il n'a pas plu depuis longtemps, le bois des arbres est très sec. Il suffit d'une allumette, d'une cigarette ou d'une étincelle pour déclencher un feu qui, avec le vent, détruira des forêts tout entières.

Que font les animaux quand il y a le feu ?

Comme les hommes, les animaux craignent le feu. Parfois, ils sentent venir le danger de très loin. Ils s'enfuient alors à toute allure.

Comment les pompiers éteignent-ils un feu ?

Ils branchent de grands
tuyaux sur les réservoirs
d'eau des camions
et arrosent les flammes.
Il existe aussi des avions,
les Canadair, qui déversent
l'eau contenue dans leurs
réservoirs sur le feu.
Lorsqu'ils sont vides,
les Canadair vont faire
le plein d'eau dans la mer.

Est-ce que la forêt repousse vite après un incendie ?

Il faut attendre très
longtemps pour que
repousse la forêt détruite
par le feu.

Dans la maison, à quoi servent les bouteilles rouges ?

Ce sont des extincteurs.
Ils sont remplis d'une mousse
blanche qui éteint
les flammes quand on
la projette dessus.

27

LES QUATRE ÉLÉMENTS QUI NOUS FONT VIVRE

Avec l'eau, la terre, l'air et le feu, la nature a tout créé. Ces quatre éléments sont partout autour de toi.

De quoi les plantes ont-elles besoin pour vivre ?

Les plantes ont besoin de l'eau et de la terre pour se nourrir et fabriquer la sève qui les fait grandir, de l'air pour respirer et du soleil pour fleurir.

À quoi l'air sert-il ?

La couche d'air qui enveloppe la Terre permet aux hommes, aux animaux et aux plantes de respirer. C'est aussi l'air qui nous protège de certains rayons du soleil qui, sans lui, nous brûleraient.

Y aurait-il du feu sans air ?

Non, car sans l'air rien ne peut brûler. Lorsqu'on souffle sur un feu de cheminée, on lui donne beaucoup d'air pour qu'il brûle mieux.

Y aurait-il de la pluie sans la mer ?

Sans l'eau de la mer, il n'y aurait pas de pluie. L'eau de la mer s'évapore et forme des nuages. Les nuages sont poussés par le vent et retombent en pluie dans les rivières. Puis, au bout du voyage, l'eau des rivières retourne à la mer. C'est la ronde de l'eau !

Pourquoi ai-je besoin des quatre éléments pour vivre ?

Tu as besoin de l'eau pour boire et te laver, de la terre pour te nourrir, de l'air pour respirer et du feu pour te chauffer et t'éclairer.